Blaise Pascal

Größe und Nichtigkeit des Menschen

Aus dem Französischen von Ferdinand Bruckner
Mit einem Nachwort von Egon Friedell

W0378292

Diogenes

Die Erstausgabe der »Pensées« erschien 1670 in Paris
Dieser Band erscheint mit freundlicher Genehmigung der
Gustav Kiepenheuer Bühnenvertriebs-GmbH, Berlin
Das Nachwort von Egon Friedell ist der
Kulturgeschichte der Neuzeit, Band 1,
entnommen und erscheint mit freundlicher Genehmigung
der C. H. Beck'schen Verlagsbuchhandlung, München
Umschlagillustration: Georges de La Tour,
›Das Neugeborene‹, undatiert

Alle Rechte an dieser Ausgabe vorbehalten
Copyright © 1990
Diogenes Verlag AG Zürich
60/90/43/1
ISBN 3 257 21876 1

Inhalt

Erstes Stück

Größe des Menschen

Ich tadle ebenso die den Menschen loben, wie die den Menschen tadeln, wie die ihn abwenden wollen; und ich kann nur anerkennen, die suchen, indem sie seufzen. Die Stoiker sagen: dringt ein in euch selbst, dort werdet ihr eure Ruhe finden: und das ist nicht wahr. – Die anderen sagen: tretet heraus und suchet in Zerstreuung euer Glück wieder: und das ist nicht wahr. – Kommen die Krankheiten: ist das Glück nicht in uns, noch außen; es ist in Gott und außen und in uns.

Die Natur des Menschen betrachte man auf zwei Arten: einmal nach seinem Ziel, dann ist er groß und unvergleichlich; einmal nach der Menge – wie man über die Natur des Pferdes und des Hundes urteilt durch die Gewohnheit, den Verlauf zu sehn, et animum arcendi: und dann ist der Mensch verächtlich und wohlfeil. Hier die beiden Wege, die verschieden zu urteilen zwingen und die Philosophen so aufregen: denn der eine leugnet die Voraussetzung des anderen; der eine sagt: er wäre nicht zu diesem Ziel geboren, dem widersprächen alle Handlungen. Der andere sagt: er entferne sich von seinem Ziel, wenn er geringe Handlungen beginge.

Wir haben eine so große Vorstellung von der Seele des Menschen, daß wir nicht vertragen, von ihr verachtet zu werden und in der Schätzung einer Seele nicht zu stehn; alle Glückseligkeit besteht in dieser Schätzung.

Die unbedingte Niedrigkeit des Menschen ist seine Sucht nach Ruhm, aber diese ist das größte Zeichen seiner Vortrefflichkeit zugleich, denn welchen Besitz er auch auf Erden hätte, welche Gesundheit und wesentliche Annehmlichkeit auch immer, bleibt er unbefriedigt außerhalb der Schätzung durch die Menschen. Er achtet für so groß die menschliche Vernunft, daß, welche Auszeichnungen auf Erden er auch hätte, er unzufrieden bliebe, ohne einen ausgezeichneten Platz auch in der menschlichen Vernunft zu haben. Es ist der schönste Platz der Welt: nichts kann ihn von diesem Wunsch abwenden; und das ist unauslöschlichste Eigenschaft des menschlichen Herzens. Und die die Menschen am meisten verachten, und die sie gleichstellen den Tieren: noch immer wollen sie bewundert sein und geglaubt, sich widersprechend durch ihr eigenes Gefühl: die Natur, stärker als sie, überzeugt sie von der Größe des Menschen unbedingter, als die Vernunft sie überzeugt von seiner Niedrigkeit.

Im Anblick aller unserer Elendigkeiten, die uns rühren, und die den Hals umfassen, haben wir noch einen unabweisbaren Instinkt, der uns erhebt.

Größe des Menschen ist so sichtbar, daß sie sich abhebt vom Elend. Denn was für die Tiere Natur ist, nennen wir Niedrigkeit im Menschen, woran wir erkennen (da die Natur heute dem Tiere gleicht), daß er von einer einmal besseren Natur herkommt.

Denn wer ist unglücklich, nicht mehr König zu sein, wenn nicht ein entthronter König? Fand man Aemilius Paulus unglücklich, nicht mehr Konsul zu sein? Alle Welt sah im Gegenteil, wie glücklich er war, es gewesen zu sein, denn sein Amt verlangte nicht, immer es zu sein. Aber man sah Perseus so unglücklich, kein König zu sein, denn seine Stellung war so sehr, immer es zu sein, daß man erstaunlich fand, wie er sein Leben noch ertrug. Wer weiß sich unglücklich, nur einen Mund zu haben? Und wer wüßte sich nicht verletzt, nur ein Auge zu haben? Man hat sich vielleicht noch nicht überrascht, gekränkt zu sein, daß man keine drei Augen habe; aber man wäre untröstlich betroffen, wenn man keine Augen hätte.

Man ist kaum nichtig ohne Empfindung. Ein zerstörtes Haus ist es nicht. Es gibt nur den Menschen nichtig. Ego vir videus.

Die Größe des Menschen ist groß in der Erkenntnis seiner Nichtigkeit. Ein Baum kennt sich nicht gering. Es heißt nichtig sein sich als nichtig erkennen.

Diese Geringheiten beweisen seine Größe. Es sind Geringheiten des großen Herzens, die Geringheiten eines entrechteten Königs.

Die Nichtigkeit schließt aus der Größe auf die Größe aus der Nichtigkeit; die einen haben die Nichtigkeit um so mehr erschlossen, als sie dazu die Größe zum Beispiel nahmen; und die anderen haben sich der Größe mit um so mehr Gewalt erschlossen, als sie sie aus der Nichtigkeit selbst nahmen; alles, was die einen sagen konnten, um die Größe zu zeigen, hat nur als Beweis den anderen gedient, die Nichtigkeit zu zeigen, denn es heißt um so nichtiger sein, von je höher man fiel: und bei den anderen das Gegenteil. Sie haben sich getragen die einen auf den anderen in einem ununterbrochenen

Kreise, überzeugt, daß die Menschen erhellt sind, im Menschen Größe sowohl wie Nichtigkeit zu finden. In einem Wort, der Mensch weiß, daß er gering ist. Er ist also gering, denn er ist es; doch ist er groß, denn er weiß es.

Ich kann gut einen Menschen ohne Hände verstehen, ohne Füße, Kopf, denn es ist nur die Erfahrung, die lehrt, daß der Kopf notwendiger sei als die Füße. Aber ich kann den Menschen nicht verstehen ohne den Gedanken: er wäre denn ein Stein oder ein Vieh.

Es ist aber der Gedanke, der das Sein des Menschen ausmacht, ohne das man ihn nicht fassen kann. Was empfindet Freude in uns? Ist es die Hand? ist es der Arm? ist es das Fleisch? ist es das Blut? Man wird sehn, daß es eine immaterielle Sache sein muß.

Ich kann nicht aus dem Raum meine Würde suchen, sondern aus der Zucht meines Gedankens. Ich hätte nicht mehr als irdischer Besitzer. Durch den Raum versteht mich die Welt und verschluckt mich wie einen Punkt; aber ich verstehe sie durch meine Gedanken.

Der Mensch ist nur ein Rohr, das schwächste der Natur, doch ein denkendes Rohr. Es ist nicht nötig, daß das ganze Universum sich bewaffne, ihn zu zermalmen. Dampf, ein Wassertropfen genügt, ihn zu töten. Doch wollte ihn das Universum zermalmen, wäre der Mensch höher, als was ihn tötete, denn er wüßte: daß er stirbt. Und von dem Vorsprung, den das Universum vor ihm hat, weiß es nichts.

So besteht unsere Würde vollkommen im Gedanken. Von ihm aus haben wir aufzubrechen und nicht vom Raum und der Zeit aus, die wir nicht erfüllen könnten. Arbeiten wir daran, gut zu denken –: das ist das Prinzip der Moral.

Der Mensch ist offenbar gemacht, zu denken; es ist seine vollkommene Würde und sein vollendetes Verdienst und seine ausschließliche Aufgabe, richtig zu denken: also das Gesetz zu denken ist anzufangen bei sich selbst und auf seiner Höhe und zu seinem Ziel.

Oder – woran dächte die Welt? Niemals daran; sondern zu tanzen, zu spielen, zu singen, Verse zu machen, im Ring zu laufen; sich zu bauen, zum König zu machen, ohne den Gedanken, was es heißt, König zu sein und Mensch zu sein.

Die vollkommene Würde des Menschen ist in dem Gedanken.

Der Gedanke ist also eine herrliche Sache und unvergleichlich von Natur aus. Er müßte befremdliche Fehler haben, verdammenswert zu sein. Doch er hat deren, daß nichts lächerlicher ist!

Wie ist er groß von Natur! und wie elend durch seine Fehler.

Es ist gefährlich, zu sehr dem Menschen zeigen, wie er den Tieren gleicht, ohne seine Größe ihm zu zeigen. Es ist gefährlich, ihn seine Größe zu sehr sehen lassen ohne seine Niedrigkeit. Es ist weit gefährlicher noch, ihn die eine und die andere nicht wissen lassen. Aber es ist außerordentlich von Vorteil, ihm beide vorzuführen.

Der Mensch darf nicht glauben, er sei den Tieren gleich, er darf nicht glauben, er sei den Engeln gleich, er darf nicht das eine und nicht das andere übergehen; sondern er muß beides wissen.

Der Mensch achte sich jetzt nach seinem Preis. Er liebe sich, denn er hat eine Natur guter Fähigkeiten; doch die Niedrigkeiten liebe er deswegen nicht, die in ihr sind. Er verachte die Lehre dieser Fähigkeiten; doch nicht ihre Natürlichkeit. Er hasse sich, er liebe sich: er hat die Möglichkeit, das Wahre zu kennen und glücklich zu sein. Aber er hat keine Wahrheit, die beständig oder befriedigend wäre.

Ich möchte also den Menschen zu dem Wunsche führen, sie zu finden, bereit zu sein und befreit von den Leidenschaften, um ihr zu folgen, wo er sie finden wird; und ich weiß, wie sehr seine Erkenntnis verdunkelt wird von den Leidenschaften, ich hätte gern, er haßte in sich die böse Lust, nach der er sich bestimmt, damit sie ihn nicht mehr bei seiner Auswahl blende und ihn nicht weiter aufhalte, wenn er entschlossen ist.

Wenn man mehr Licht hat, erhellt man mehr Größe und Elend des Menschen.

Das Gewöhnliche der Menschen. Die Erhobeneren. Die Philosophen: sie erstaunen über das Gewöhnliche des Menschen.

Die Christen: sie erstaunen über die Philosophen.

Wer wird nun erstaunen, zu sehn, daß die Religion nichts anderes tut, als zu tief erkennen lassen, was man um so mehr erkennt, je mehr man Licht hat?

Ich fühle, daß ich nicht existiert haben könnte; denn ich bestehe in meinen Gedanken: so würde ich, der ich denke, nicht gewesen sein, wenn meine

Mutter vor meinem Leben getötet worden wäre. Ich bin schon kein notwendiges Wesen. Ich bin weder ohne einen Anfang noch ohne ein Ende. Aber ich weiß gut, daß es in der Natur ein Wesen gibt, das notwendig, ohne Anfang und ohne Ende ist.

Zweites Stück

Eitelkeit, Einbildung, Eigenliebe

Die Süße des Glanzes ist so außerordentlich, daß man sie liebt, worin man sie auch finde, selbst in dem Tod.

Der Stolz hebt alle Nichtigkeit auf. Er versteckt sie, oder wenn er sie enthüllt, rühmt er sich, sie zu erkennen. Er hält uns mit so natürlichem Besitz in der Mitte unserer Leiden, unserer Irrungen, daß wir freudig selbst das Leben verlören, wenn man nur davon spricht.

Die Eitelkeit ist so eingeankert in das menschliche Herz, daß ein Soldat, ein Knecht, ein Koch, ein Lastschlepper sich rühmen und ihre Bewunderer anrufen; selbst die Philosophen wollen welche. Und die wider den Ruhm schreiben, wollen den Ruhm, gut geschrieben zu haben, und die es lesen, wollen den Ruhm, es gelesen zu haben. Und ich, der ich schreibe, habe vielleicht diese Lust, und die es lesen werden, haben sie vielleicht auch.

Wir sind so dreist, auf der ganzen Erde bekannt sein zu wollen und selbst bei den Menschen, die kommen werden, wenn wir nicht mehr sind; – und wir sind so eitel, daß selbst die Achtung von fünf oder sechs Personen der Umgebung uns vergnügt und befriedigt.

Neugier ist voll Eitelkeit. Meist will man nur wissen, um davon zu reden. Man führe nicht an das Meer, um nichts davon zu sagen, und um die einzige, hoffnungslose Freude, nichts als zu sehen.

In Städten kurzer Vorüberfahrt ist man nicht um die Achtung besorgt; doch sorgt man für sie, wenn man einige Zeit in ihnen wohnen muß. Wieviel Zeit ist nötig? Eine Zeit, die im Verhältnis steht zu unserem ganzen Dasein, das eitel und elend ist.

Wer ganz die Eitelkeit des Menschen kennen will, betrachte die Ursachen und die Wirkungen der Liebe. Die Ursachen sind ein »je ne sais quoi« (Corneille), die Wirkungen entsetzlich. Dieses »je ne sais quoi«, so scheinbar, daß man es nicht erkennen kann, bewegt die ganze Erde, die Fürsten, die Armeen, die Welt.

Wäre die Nase der Cleopatra ein wenig kürzer ausgefallen, das ganze Gesicht der Erde hätte anders ausgesehn.

Daß eine so sichtbare Sache wie die Eitelkeit der Welt so wenig durchschaut ist, daß es eine befremdende und betretende Sache ist, zu sagen: es sei Unsinn, Größe zu suchen – das finde ich wunderbar!

Natur der Selbstsucht und des menschlichen Ichs ist nur sich lieben, nur sich selbst betrachten. Aber wozu führt es den Menschen? Er wird nicht zu verhindern wissen, daß dieses geliebte Objekt voller Fehler und Elend sei; er will groß sein und er sieht sich klein, er will glücklich sein und er sieht sich elend, er will vollkommen sein und er sieht sich voller Unvollständigkeiten; er will Objekt der Liebe und menschlicher Achtung sein, und er sieht, daß seine Schwächen nur Abkehr und Mißachtung verdienten. Diese Wirrnis erzeugt in ihm die ungerechteste und verbrecherischste Leidenschaft, die man sich vorstellen kann. Denn ihn erfaßt ein tödlicher Haß gegen diese Wahrheit, die ihn umklammert und seiner Unzulänglichkeit überführt. Er sucht, sie zu vernichten, und da er sie nicht in sich selbst vernichten kann, vernichtet er sie in seiner Erkenntnis und in der Erkenntnis der anderen, das heißt, er ist auf das eifrigste besorgt, seine Unzulänglichkeiten zu entblößen, vor sich und den anderen und könnte dabei nicht ertragen, daß man sie ihm zeige oder sie sehe.

Ohne Zweifel ist es ein Übel, voll Fehler zu sein; aber es ist ein größeres Übel, voll Fehler zu sein und sie nicht erkennen zu wollen, denn man fügt ja noch den einer bewußten Illusion hinzu. Wir wollen nicht die anderen uns täuschen lassen; wir finden unrecht, daß sie geachtet werden wollen, mehr als sie verdienten: und es ist unrecht ebenso, daß wir sie täuschen, und daß wir uns achten lassen wollen mehr als wir verdienten.

Und wenn sie uns so Unvollkommenheiten und Laster, die wir haben, enthüllen, ist deutlich sichtbar, daß sie uns kein Unrecht tun, denn sie sind nicht deren Ursache; und daß sie uns Gutes tun, da sie helfen, uns zu befreien von einer Nichtigkeit, die das Nichtwissen unserer Unvollkommenheiten ist. Wir dürfen nicht erbosen, daß sie sie kennen, wenn sie richtig sind, und daß sie uns kennen, wie wir sind, und uns verachten, wenn wir verächtlich sind.

Diese Gefühle lebten auf in einem Herzen, das voller Billigkeit und Recht wäre. Was müßten wir also vom unseren sagen, das ganz entgegengesetzte Veranlagung hat? Ist es vielleicht nicht wahr, daß wir die Wahrheit hassen und die sie uns sagen, und daß wir lieben, wenn sie sich täuschen zu unserem Vorteil, und daß wir von ihnen geachtet werden wollen wie andere, als die wir sind? Hier ein Bei-

..s mich erschreckt. Die katholische Reli- ... verpflichtet nicht, seine Sünden gleicherma- ..n aller Welt zu entblößen: sie leidet, daß man vor allen anderen Menschen verborgen wohne, aber sie stellt einen einzigen auf, vor dem sie befiehlt, die Tiefe seines Herzens aufzukleiden und sich zu zeigen, wie man ist. Es ist nur dieser eine Mensch in der Welt, den sie uns befiehlt zu enttäuschen, und sie bindet ihn an ein unverletzliches Geheimnis, das verursacht, daß diese Erkenntnis in ihm ist als wäre sie nicht. Kann man sich etwas Freundlicheres und Milderes denken? Und trotzdem ist die Verdorbenheit des Menschen eine solche, daß er Härte in diesem Gesetz noch findet, und es ist eine der hauptsächlichsten Ursachen, die einen großen Teil Europas gegen die Kirche in Aufruhr brachte.

Wie unrecht und vernunftlos ist das Herz des Menschen, daß ihn die Aufgabe beleidigt, im Angesicht eines Menschen zu tun, was zu tun im Angesicht aller Menschen in Ordnung wäre! Oder ist es in Ordnung, sie zu täuschen?

Es gibt verschiedene Grade in dieser Abscheu vor der Wahrheit; aber man kann sagen, daß sie in allen auf einer Stufe steht, denn sie ist untrennbar von der Selbstsucht. Und diese minderwertige Rücksichtnahme zwingt ja jene, die zu tadeln genötigt sind, auf so viele Umwege und Erklärungen, um nicht zu scharf zu treffen. Sie müssen unsere Verfehlungen verkleinern, als entschuldigten sie sie, und Lob und herzliche und achtungsvolle Versicherungen einmischen. Und bei alledem bleibt diese Arznei der Eigenliebe bitter. Sie nimmt so wenig als möglich und mit Ekel und oft mit einer heimlichen Erbosung gegen jene, die sie ihr boten.

So kommt es, daß man schon bei geringen Interessen, von uns geliebt zu werden, fern ist, uns diesen unangenehmen Dienst zu leisten; und man behandelt uns, wie wir behandelt sein wollen; wir hassen die Wahrheit, und man versteckt sie vor uns: wir lieben die Schmeichelei, und man schmeichelt uns; wir lieben die Täuschung, und man täuscht uns.

Und jedes Maß von Glück, das uns erhöht vor der Welt, entfernt uns von der Wahrheit, und man hat acht, nicht zu verletzen, deren Neigung uns nützlich, deren Abscheu uns gefährlich ist. Ein Prinz kann die Legende Europas sein, und er selbst wird nichts davon wissen. Ich wundere mich nicht: die Wahrheit nützt, dem man sie sagt, und schädigt jene, die sie sagen, sie machen sich gehaßt. Und so lieben jene, die mit dem Prinzen leben, ihre eigenen Vorteile mehr als die des Prinzen, dem sie dienen, und sie hüten sich, ihm einen Vorzug zu gewähren, der sie schädigt.

Dieses Unglück ist ohne Zweifel größer und gewohnter in den hohen Kreisen; aber die niedrigsten sind nicht von ihm verschont, denn man hat immer Gründe, sich von den Menschen geliebt zu machen. So ist das menschliche Leben fortdauernde Illusion; man kann nichts, als sich gegenseitig betrügen und gegenseitig umschmeicheln. Niemand spricht von uns, wenn wir da sind, als wären wir nicht da. Die Einigung zwischen den Menschen ist auf diese wechselseitige Vortäuschung gebaut; und wenig Freundschaften hielten stand, wüßte jeder, was sein Freund von ihm spricht, wenn er nicht da ist, spräche er dann selbst aufrichtig und ohne Leidenschaft.

Der Mensch ist also nichts als Verkleidung, nichts als Lüge und Heuchelei; vor sich und vor den anderen. Und diese Absichten, so weit von Recht und Vernunft, haben eine natürliche Wurzel in seinem Herzen.

Die Einbildung ist jener betrügerische Teil im Menschen, der Verführer zu Irrtum und Falschheit, um so schurkischer, als sie es nicht immer ist; denn sie wäre die unbeirrbare Regel der Wahrheit, wenn sie unbeirrbar Regel der Lüge wäre. Aber meist falsch, gibt sie kein Zeichen ihrer Beschaffenheit, gleichartig das Wahre und das Falsche bezeichnend.

Ich spreche nicht von den Verrückten, ich spreche von den Weisen, und gerade zwischen ihnen hat die Einbildung jene menschenüberzeugende Gabe. Die Vernunft möge gut schreien: sie kann nicht den Preis der Dinge angeben. Diese herrliche, der Vernunft feindliche Macht, der es gefällt, sie zu bewachen und beherrschen, um ihr zu zeigen, was sie alles kann, hat eine zweite Natur in den Menschen eingesetzt. Sie hat ihre Glücklichen, ihre Unglücklichen, ihre Gesunden, ihre Kranken, ihre Reichen, ihre Armen; sie macht glauben, zweifeln, die Vernunft verleugnen; sie verschiebt die Meinungen und macht sie empfindlich; sie hat ihre Verrückten und Weisen ... Und nichts stößt uns stärker ab als zu sehn, daß sie ihre Gäste mit einer ganz anders vollen und vollkommenen Befriedigung erfüllt als die Vernunft. Die geschickten Phantasten gefallen sich selbst ganz anders, als die Vernünftigen sich vernünftigerweise gefallen können. Sie sehen auf die Menschen herrscherhaft, sie reden keck und selbstvertrauensvoll; die anderen: ängstlich und unsicher: und diese Freude des Antlitzes gibt jenen oft den Vorsprung in der Meinung der Zuhörenden, so sehr viel Vorzug genießen die eingebildeten Weisen vor Richtern, die ebensolche sind. Die Einbildung kann die Verrückten nicht klug machen; aber sie macht sie glücklich, entgegen der Vernunft, die ihre Freunde nur nichtig machen kann, die einen mit Ruhm, die andern mit Schande überdeckt.

Wer verbreitet den Ruf? Wer verleiht den Menschen, den Werken, den Gesetzen, den Großen Achtung und Verehrung, wenn nicht diese Fähigkeit des Vorstellens? Unzureichend sind alle Reichtümer der Welt ohne ihre Zustimmung.

Würden Sie nicht annehmen, daß diese Bevormundung, deren ehrwürdiges Alter einem ganzen Volk Ehrfurcht eingibt, von einer reinen und hohen Vernunft regiert wird, über die Dinge nach ihrer Natur urteilt, ohne sich von den geringfügigen Umständen beirren zu lassen, die nur die Einbildung der Schwachen verletzen? Sehen Sie die Bevormundung eine Predigt anheben mit ergebenem Eifer, die Solidität der Vernunft mit glühender Hilfsbereitschaft verstärkend. Sie ist bereit zu verhören, mit beispielhafter Würde. Es erscheine der Prediger: hat ihm die Natur eine heisere Stimme und ein bizarres Gesicht gegeben, hat sein Barbier ihn schlecht rasiert, hat der Zufall ihn mit Kot beschmutzt – er möchte noch so große Wahrheiten verkünden, ich wette, daß unserem Prediger die Würde abhanden kommt.

Der größte Philosoph der Welt, auf ein Brett gestellt, das breiter ist als nötig, unter ihm ein

Abgrund: wenn ihn auch die Vernunft von seiner Sicherheit überzeugte: seine Einbildungskraft würde die Oberhand gewinnen. Viele könnten nicht den Gedanken ertragen, ohne zu erblassen und zu schwitzen.

Wer wüßte nicht, daß der Anblick von Katzen, Ratten, das Zertreten eines Stückes Kohle die Vernunft aus den Angeln jagt? Der Ton der Stimme täuscht die Weisesten und ändert einem Vortrag und einem Verse das Gesicht.

Anziehung oder Haß ändern das Gesicht der Gerechtigkeit: und um wieviel gerechter findet ein im voraus gut bezahlter Advokat die Sache, die er verteidigt! Wie bessern die verwegenen Gesten seinen Anblick bei den betörten Richtern! Scherzhafte Weisheit, die ein Wind bewegt, und in jedem Sinn.

Ich will alle Effekte der Einbildung aufschütten; ich müßte fast alle Handlungen der Menschen aufschütten, die fast ausschließlich zwischen ihren Stößen wackeln. Denn die Vernunft wurde gezwungen, abzudanken, und die weiseste richtet sich nach jenen Grundsätzen, die die Einbildung der Menschen überall mit Verwegenheit aufgestellt hat.

Unsere Behörden haben dieses Mysterium gut gekannt. Ihre roten Röcke, ihre Hermeline, mit denen sie sich in gepelzte Katzen einwickeln, die Paläste, in denen sie urteilen, ihre Lilie: dieser ganze erhabene Apparat war dringend notwendig; und hätten die Ärzte keine Soutanen und Pantoffeln, die Doktoren keine viereckigen Barette und Röcke, reichlich nach allen vier Seiten, sie hätten nie die Welt an der Nase geführt, die einem so authentischen Uhrwerk schlecht widerstehen kann. Einzig die Krieger sind nicht solcherart verkleidet, denn ihr Anteil ist wesentlich tatsächlicher: sie nehmen ihre Stellung mit der Kraft ein, nicht mit der Grimasse.

Deswegen haben unsere Könige Verkleidungen nicht gesucht. Sie haben sich nicht mit außerordentlichen Anzügen maskiert um außerordentlich zu erscheinen, aber sie haben sich von Garden begleiten lassen, von Hellebarden, diesen gesichtlosen Armeen, die Hände und Gestalt nur für sich haben, von Trompeten und Trommeln, die voranmarschieren, und diese Legionen, die unsere Könige umscharen, machen die Derbsten erzittern. Sie haben nicht nur das Kleid, sie haben die Kraft. Man muß eine gut veredelte Vernunft haben, einfach den Großherrn sehen zu können, in seinem prachtvollen Harem von vierzigtausend Janitscharen.

Hätten die Behörden die wirkliche Rechtsfähigkeit, hätten die Ärzte die wirkliche Heilkunst, sie brauchten keine viereckigen Barette: die Majestät dieser Wissenschaft wäre ehrwürdig in sich. Aber da sie nur eingebildete Wissenschaften besitzen, müssen sie diese vergeblichen Instrumente heranziehn, die Einbildung zu fassen, mit der sie zu tun haben; und, es ist wahr, sie ziehen die Achtung auf sich.

Wir können einen Advokaten in seiner Soutane mit dem Käppchen auf dem Kopf nicht sehen ohne vorteilhafte Meinung über seine genügende Nützlichkeit.

Die Einbildung verfügt über alles; sie gründet die Schönheit, die Gerechtigkeit und das Glück, die das Alles der Welt sind. Ich möchte gern das italienische Buch sehen, von dem ich nur den Titel (der allein Bücher wert ist) kenne: Della opinione, regina del mondo. Ich unterschreibe das, ohne es zu kennen, mit Ausnahme des Schlechten, das darin ist.

Diese sind ungefähr die Resultate dieser betrügerischen Fakultät, die uns absichtlich gegeben zu sein scheint, um uns zu einem wichtigen Irrtum zu verführen. Wir haben ganz andere Grundsätze.

Drittes Stück

Schwäche des Menschen

Der Mensch ist nur ein Wesen voller Irrung, die natürlich und unauslöschlich ohne die Gnade ist. Nichts deutet ihm die Wahrheit an; alles verführt ihn. Diese beiden Grundlagen der Wahrheit, Vernunft und Sinne (und jeder fehlt es an Aufrichtigkeit) verführen einander gegenseitig. Die Sinne verführen die Vernunft durch falsche Erscheinungen; und diese gleiche Vogelscheuche, die sie der Vernunft entgegenhalten, sehen sie von ihr gegen sie aufgestellt. Sie rächt sich: die Leidenschaften der Seele trüben die Sinne und geben ihnen gefälschte Eindrücke: so lügen und fälschen sie beide nach Herzenslust.

Was mich am meisten erstaunt, ist zu sehn, wie die ganze Welt nicht erstaunt ist über ihre Dürftigkeit. Man beschäftigt sich ernstlich, und jeder richtet sich eine Stellung ein, nicht weil es gut ist, allerdings, eine Stellung zu haben, sondern weil es Mode ist; aber als ob mit Sicherheit ein jeder wüßte, wo die Vernunft ist und die Gerechtigkeit. Stündlich erkennt man sich betrogen, doch mit witziger Demut gibt man sich selbst die Schuld, und nicht jener Lebenskunst, die zu beherrschen man sich regelmäßig einbildet. Aber es ist gut, daß es viele solche Menschen in der Welt gibt, die keine Pyrrhusse sind um den Glanz des Pyrrhonismus: um endlich zu zeigen, daß der Mensch der ausschweifendsten Meinung fähig ist, da er doch zu glauben fähig ist: er stände nicht in natürlicher und unauslöschlicher Dürftigkeit, sondern im Gegenteil in der natürlichen Weisheit.

Es verführen uns nicht nur die vergangenen Eindrücke: die Reize des Neuen haben gleiche Macht. Daher kommen alle Streite der Menschen, die sich entweder vorwerfen, den falschen Eindrücken der Kindheit nachzulaufen, oder leichtsinnig den neuen. Wer hält sich in der Mitte? Er trete vor und beweise es. Es gibt keinen Grundsatz, so natürlich er sein möge, selbst seit der Kindheit, den man nicht für einen gefälschten Eindruck der Belehrung oder der Sinne erklärte.

Weil ihr, sagt man, seit der Kindheit geglaubt habt, daß ein Koffer leer ist, wenn ihr nichts in ihm sehet, hieltet ihr das Leere für möglich; es ist eine Illusion der Sinne, verstärkt durch die Gewohnheit, welche die Wissenschaft korrigieren muß. Und die anderen sagen: weil man euch in der Schule gesagt hat, daß es keine Leere gäbe, hat man euren gesunden Verstand, der sie vor diesem gefälschten Eindruck so gut begriff, verdorben, und ihr müßt zu eurer ersten Natur zurücklaufen. Wer also hat betrogen, diese Sinne oder die Belehrung?

Wir haben noch einen Ursprung der Irrung, die Krankheiten. Sie verziehen das Urteil und den Sinn. Und wenn ihn die heftigen empfindlich entstellen, zweifle ich nicht, daß die geringfügigen ihn jedenfalls verhältnismäßig wenig beeinflussen.

Unser eigenes Interesse ist noch ein erstaunliches Werkzeug, uns angenehm die Augen auszustechen. Es ist selbst dem billig denkenden Menschen nicht erlaubt, Beurteiler seiner Sache zu sein: ich weiß nicht, welche Leute die ungerechtesten Winkelzügler waren, um nicht der Eigenliebe zu verfallen. Das sichere Mittel, eine gerechte Sache verlieren: sie durch eigene Verwandte vertreten lassen. Die Gerechtigkeit und die Wahrheit sind zwei so empfindliche Pole, daß unsere Werkzeuge zu abgestumpft sind, um sie genau zu fassen. Kommen sie heran, drücken sie die Spitze platt und stützen sich rundherum mehr auf das Falsche als auf das Wahre.

Der Geist, der souveränste Herr der Welt, ist nicht genug unabhängig, um nicht bei dem ersten Aufsehn um ihn als getrübt zu gelten. Das Getöse einer Kanone neben ihm ist nicht erst nötig, seine Gedanken zu verhindern: es genügt der Lärm einer Wetterfahne oder einer Rolle. Wundert euch nicht, daß er nicht gut denkt in diesem Augenblick: eine Fliege summt um seine Ohren. Es genügt, ihn guter Überlegung unfähig zu machen. Wollt ihr, daß er die Wahrheit finde, verjagt dieses Tier, das die Vernunft in Schach hält und den mächtigen Geist verwirrt, der die Städte und Königreiche beherrscht. Das ist der scherzende Gott! O ridicolosissimo eroe!

Wie ist es schwer, eine Sache dem Urteil eines anderen vorzuschlagen, ohne sein Urteil durch die Art, in der man sie ihm vorschlägt, schon zu verwirren. Wenn man sagt: ich finde es schön, ich finde es dunkel oder etwas anderes Wahrscheinliches, schleppt man die Vorstellung zu diesem Urteil, oder reizt sie zum Gegenteil. Es ist am besten, nichts zu sagen; dann urteilt er, wie etwas ist, das heißt, wie etwas dann ist und wie es die anderen Umstände, deren Urheber man nicht ist, hinstellen. Aber man würde zumindest nichts schon selbst hingestellt haben (wenn nicht diese Stille gleich auch ihren Eindruck macht), je nach der Richtung und der Interpretation, die er der Sache zu geben Laune hat, oder je nach den Bewegungen, dem Aussehn des Gesichtes, dem Ton der Stimme, aus denen er mutmaßt, je nach dem er Physiognomiker ist: so schwer ist es, ein Urteil nicht von seinem natürlichen Boden abzuheben, oder vielmehr: so wenig Tragendes und Stabiles gibt es!

Die wichtigste Sache im Leben ist die Wahl eines Berufes. Der Zufall bestimmt darüber. Gewohnheit macht die Maurer, die Soldaten, die Dachdecker. Er ist ein ausgezeichneter Dachdecker, sagt man; wenn man von den Soldaten spricht: sie sind schön verrückt, sagt man; und die anderen, im Gegenteil: es gibt nichts Großes außer dem Krieg; alle übrigen Männer sind Schlingel. Weil man von Kindheit an diese Berufe loben hört, alle anderen verachten, wählt man; denn natürlich liebt man die Tugend und man haßt die Narrheit. Diese Worte regen uns auf: man fischt nur in der Beflissenheit; so groß ist die Kraft der Gewohnheit, daß aus dem, was die Natur nur als Menschen gemacht hat, man alle Beschaffenheiten des Menschen macht; denn ganze Länder sind nur Maurer, andere ganz nur Soldaten. Ohne Zweifel ist die Natur nicht so uniform. Die Gewohnheit macht das also, denn sie geht gegen die Natur; aber wie auch immer die Natur sei, übersteigt sie den Menschen und hält ihn in seinem Instinkt zurück, gegen alle Gewohnheit, gute oder schlechte.

Wir halten uns nie an die Gegenwart. Wir greifen dem Kommenden als einem zu langsam Kommenden vor, wie um seinen Lauf zu beschleunigen; oder wir erinnern uns an das Vergangene, um es als zu eilig aufzuhalten: so unvorsichtig irren wir in Zeiten herum, die nicht die unseren sind und denken nicht an jene einzige, die uns gehört; und vergeblich träumen wir von jenen, die nichts mehr sind und lassen die einzige, die besteht, überlegungslos entfliehn. Fast immer verletzt uns das Gegenwärtige. Wir verstecken es vor unseren Augen, weil es uns peinigt; und ist es uns angenehm, bedauern wir, es fliehen zu sehn. Wir suchen, es durch die Zukunft uns zu erhalten, und wir suchen über die Dinge, die nicht in unserer Macht sind, in einer Zeit zu verfügen, die wir nicht die geringste Gewißheit zu erreichen haben. Jeder prüfe seine Gedanken, er wird sie immer mit dem Vergangenen oder der Zukunft beschäftigt sehen. Wir denken fast nicht an Gegenwärtiges: und wenn wir daran dächten, wäre es nur, um Licht in die Zukunft zu heben. Das Gegenwärtige ist niemals unser Ziel: Vergangenes und Gegenwart sind unsere Werkzeuge; ausschließlich die Zukunft ist unser Ziel. So leben wir nie, aber wir hoffen zu leben, und da wir uns nur immer vorbereiten, glücklich zu sein, ist unvermeidlich, daß wir es niemals werden (wenn wir nicht einer anderen Seligkeit hinstreben, als die uns in diesem Leben erfreuen kann).

Der Augenblick pumpt durch regelmäßige Reflexionen so sehr unsere Einbildung auf und verringert durch zu wenig Reflexionen so sehr die Ewigkeit, daß wir aus der Ewigkeit ein Nichts machen und aus dem Nichts eine Ewigkeit; und das hat in uns so lebhafte Wurzeln, daß die ganze Vernunft uns nicht davor bewahren kann.

Cromwell verwünschte die ganze Christenheit: die königliche Familie war verloren, die seine für immer machtvoll, nur ein kleines Sandkorn geriet in seine Harnröhre. Selbst Rom zitterte vor ihm; aber das kleine Sandkorn geriet an diese Stelle, so starb er, seine Familie sank, ganz im Frieden, und der König kam wieder herauf.

Der Wille ist eines der hauptsächlichsten Glaubensorgane: er formt nicht den Glauben, vielmehr sind die Dinge wahr oder falsch, je nach der Seite, von der man sie ansieht. Der Wille, der das eine mehr liebt als das andere, wendet den Geist ab, daß er die Eigenschaften der Seite nicht sehe, die zu sehen er nicht liebt; und so bleibt der Geist, mit dem Willen Hand in Hand, nur an der Seite stehen, die er liebt; und er urteilt nach dem, was er sieht.

Die Einbildung bläht die kleinen Objekte auf und füllt mit ihnen unsere Seele zu einer phantastischen Wertschätzung; und sie verdünnt die großen mit maßloser Unverschämtheit auf unseren Maßstab, zum Beispiel Gott.

Alle Beschäftigungen des Menschen dienen Glück zu haben; sie könnten keine Urkunden zeigen, daß sie es mit Recht besitzen, denn sie haben nur die Phantasie und nicht die Macht, es festzuhalten. Es ist ebenso mit der Weisheit: Krankheit nimmt sie uns weg.

Träumten wir von derselben Sache alle Nächte, sie würde uns so anziehn wie die Dinge, die wir alle Tage sehen; und wäre ein Handwerker sicher, in jeder Nacht zwölf Stunden lang zu träumen, er sei ein König, er fühlte, glaube ich, sich fast so glücklich wie ein König, in jeder Nacht zwölf Stunden lang zu träumen, er sei ein Handwerker. Träumten wir alle Nächte uns verfolgt von Feinden und erregt von schmerzlichen Phantomen, und verbrächten wir alle Tage verschiedentlich zerstreut, wie auf einer Reise, wir litten fast so sehr, als geschähe alles wirklich, wir fürchteten das Schlafen, wie man das Erwachen fürchtet, wenn einem solche Leiden in der Tat bevorstehen. So bewirkten diese Träume gleiche Übel wie die Wirklichkeit. Aber weil die Träume alle verschieden sind und sich verändern, ergreifen sie viel weniger, als was man in der Wahrheit sieht: infolge der Fortdauer, die allerdings nicht so beständig und gleichmäßig ist, daß sie nicht auch wechsle, aber weniger heftig, geschieht es schon nicht selten wie auf einer Reise; und man sagt dann: ich glaube, ich träume; denn das Leben ist ein etwas weniger ungleicher Traum.

Wir vermuten, daß alle Menschen auf die gleiche Weise empfangen und fühlen: aber wir vermuten das sehr ungenau, denn wir haben keinen einzigen Beweis. Ich sehe schon, daß man die gleichen Worte anwendet bei den gleichen Gelegenheiten, und daß ein jedes Mal zwei Menschen, wenn sie einen Körper den Platz wechseln sehn, das mit den gleichen Worten ausdrücken, indem der eine wie der andere sagt, er habe sich bewegt; und aus dieser

Gleichförmigkeit der Anwendung heraus behauptet man mit machtvoller Vermutung eine Gleichförmigkeit der Gedanken: aber das ist nicht überzeugend als eine letzte Überführung, denn man weiß, daß man oft aus gleichen Annahmen verschiedene Schlüsse ziehn kann.

Wenn wir eine Tatsache immer gleichmäßig eintreffen sehn, schließen wir daraus eine natürliche Notwendigkeit, wie daß morgen Tag sein wird; aber leicht verleugnet uns die Natur und unterwirft sich nicht ihren eigenen Regeln.

Die Wissenschaften haben zwei Endpunkte, die sich berühren: der erste ist die klare, natürliche Unwissenheit, in der alle Menschen stehen, wenn sie geboren werden; am anderen Endpunkt stehen die großen Menschen, die, nachdem sie durch alles, was die Menschen wissen, hindurchgeschritten sind, erkennen, daß sie nichts wissen, und sich in jener Unwissenheit wieder begegnen, von der sie ausgegangen sind. Aber es ist eine wissende Unwissenheit, die sich durchschaut. Die aus der natürlichen Unwissenheit ausgetreten sind und die andere nicht erreichen konnten, haben einen Firnis satter Weisheit und machen die Versteher. Sie sind es, die die Welt verdunkeln und die falscher urteilen als alle andern. Das Volk und die Geschickten setzen gewöhnlich den Zug der Welt in Bewegung; die anderen mißachten ihn und sind mißachtet.

Viertes Stück

Nichtigkeit des Menschen

Man belastet von Kindheit an die Menschen mit der Aufmerksamkeit auf ihre Ehre, ihre Besitztümer und auf die Besitztümer und Ehre ihrer Freunde. Man überlädt sie mit Geschäften, mit dem Erlernen der Sprachen und Gelehrsamkeiten, und man gibt ihnen zu verstehen, daß sie niemals glücklich werden könnten, wenn nicht ihre Gesundheit, ihre Ehre, ihr Glück (und das ihrer Freunde) in einem sehenswerten Zustand sind; und daß schon eine dieser Sachen, die fehlte, sie unglücklich machen würde. So gibt man ihnen Bürden und Geschäfte, daß sie vom Beginn des Tages an herumhetzen. Ihr werdet sagen: das ist eine merkwürdige Weise, sie glücklich zu machen. Was könnte, sie unglücklich zu machen, man Geeigneteres tun? – Aber – was man tun sollte? Man brauchte ihnen nur alle diese Aufmerksamkeiten abzunehmen, dann würden sie sich sehn, sie würden denken, was sie sind, woher sie kommen und wohin sie gehen; und man könnte so sie nicht zu sehr beschäftigen und verdrehen; aber weil man ihnen so viel Geschäfte vorbereitet hat, rät man ihnen, in ihrer freien Zeit sich zu zerstreuen, zu spielen, und sich so nur immer ständig zu beschäftigen.

Habe ich manchmal die bunteste Beweglichkeit der Menschen zu betrachten mich hingesetzt, die Gefahren und Qualen, denen sie sich am Hofe, im Krieg (wo Elend, Leidenschaften, dreiste und schlechte Unternehmungen geboren werden) sich bieten, sagte ich oft, daß alles Unglück der Menschen kommt, weil sie nicht in einem Zimmer ruhig sitzen können. Wüßte ein Mensch, der genug zum Leben hat, bei sich mit Freude bleiben, er ginge nicht aus, über das Meer oder auch nur zu einem Stuhl auf einem Straßenplatz. Man würde eine Last nicht so teuer bezahlen, nur weil man es unerträglich fände, sich aus der Stadt nicht zu rühren; und man sucht nur Konversation und die Ablenkungen der Spiele, weil man zu Haus nicht mit Freude sitzen kann.

Aber als ich näher hinsah und die Veranlassung aller unserer Unglücke gesehen habe, suchte ich die Ursache und fand eine sehr entschiedene: und das ist unsere schwache und sterbliche Beschaffenheit und so nichtige, daß uns nichts trösten kann, wenn wir zu nahe daran denken.

Welche Beschaffenheit man sich auch vorstelle, man versammle alle Güter, die uns gehören können, das königliche Amt ist das schönste der Welt, und mit einem König, der von allen Befriedigungen, die ihn rühren können, umgeben ist; ist er ohne Zerstreuung, und hieße man ihn sich betrachten, würden ihm diese erschlaffenden Glückseligkeiten nicht mehr gefallen; er wird in Gesichte verfallen, die ihn durch Aufstände, die kommen können, lebhaft beunruhigen, oder durch Tod und Krankheiten, die unvermeidlich sind; und so wäre er ohne das, was man Zerstreuung nennt, unglücklicher, unglücklicher als der Geringste, der spielt und sich zerstreut.

Ist die königliche Würde nicht in sich selbst großartig genug, und der sie besitzt, durch den alleinigen Anblick dessen, was er ist, glücklich zu machen? Muß man ihn noch mit diesem Gedanken zerstreun wie die gewöhnlichen Leute? Ich sehe schon, einen Menschen glücklich machen heißt, ihn vom Anblick seiner häuslichen Niedrigkeiten abzuwenden, um ihn mit der Sorge zu erfüllen, gut zu tanzen. Aber wird es ebenso bei einem König sein, und wird er glücklicher sein, wenn er sich an diese vergeblichen Vergnügungen hält, statt an seine Größe? Welches befriedigende Vorbild könnte man vor seinen Geist stecken? Hieße es nicht seiner Freude unrecht tun, wenn man seine Seele beschäftigt mit dem Gedanken, seine Schritte in die Takte einer Arie einzuordnen, einen Ball kunstgerecht zu werfen; statt ihn ruhvoll in der Betrachtung der majestätischen Glorie, die ihn umgibt, genießen zu lassen? Man mache den Versuch; man lasse einen König ganz allein ohne irgendeine Befriedigung der Sinne, ohne irgendeine Sorge im Kopf, ohne Gesellschaft an sich selbst mit Muße denken; und man wird sehn, daß ein König ohne Zerstreuungen ein Mensch voller Nichtigkeiten ist. Aber man vermeidet das bedachtsam, und es fehlen nie um königliche Personen Leute in großer Zahl, welche wachsam den Geschäften die Zerstreuungen folgen lassen, und die andauernd Scherze und Spiele liefern, so daß es nie einen leeren Augenblick gibt, das heißt, die königlichen Personen sind ununterbrochen von Leuten umringt, die mit wunderbarer Sorge achtzugeben wissen, daß der König nie allein sei und in einem Zustand, der ihn an sich denken ließe, denn sie wissen gut, daß er elend sein würde, welcher König auch immer, wenn er dächte. (Was ja auch am stärksten die Menschen in ihren großen – und so beschwerlichen – Stellungen erhält: sie sind unaufhörlich abgehalten, an sich zu denken.)

Gebet acht. Ist es etwas anderes, Superintendenz, Kanzler, Präsident zu sein, als in einer Stellung, in der sie von morgens an eine große Zahl Menschen an allen Seiten haben, die sie nicht eine Stunde am Tage an sie selbst denken lassen? Aber wenn sie in Ungnade fallen, wenn man sie auf ihre Landhäuser schickt, wo ihnen weder Güter noch Diener fehlen, die ihnen alles zurecht machen: werden sie sofort elend, denn niemand hindert sie mehr, an sie selbst zu denken.

Deshalb sind die Unterhaltungen mit Frauen, der Krieg, die großen Berufe so gesucht. Nicht weil es dort tatsächlich ein Glück gäbe, nicht, weil man die wirkliche Glückseligkeit vom Geld erwarte, das man im Spiel gewinnen könnte, oder vom Hasen, den man verfolgt. Man nähme ihn nicht, wäre er angeboten. Man sucht nicht die sanfte und friedliche Nutznießung, die uns auch an unsere unglückliche Lage zu denken erlaubt, nicht die Gefahren des Krieges, nicht die Ermüdungen der Ämter, sondern das Herumlaufen, das uns abhält zu denken und uns zerstreut. Deswegen lieben die Menschen so sehr den Lärm und die Bewegung; deswegen ist das Gefängnis eine so scheußliche Strafe; deswegen ist die Lust der Einsamkeit eine unverständliche Sache. Und es ist das Wichtigste in der Stellung der Könige, unaufhörlich sie zu zerstreun, ihnen die gemischtesten Vergnügungen zu schaffen.

Das haben die Menschen erfinden können, sich glücklich zu machen. Aber die dazu ihre Philosophien schreiben, die glauben, daß die Menschheit genug unvernünftig ist, ihren Tag auf der Jagd nach dem Hasen zu verbringen, den sie nicht gekauft haben will, kennen längst nicht unsere Natur. Dieser Hase würde sie nicht von den Ausblicken auf den Tod und das Verderben, das uns umgibt, schützen, aber die Jagd schützt sie vor ihnen. Doch würfe man ihnen vor, daß sie von diesem Eifer nicht befriedigt sein könnten, und sie antworteten, wie sie es müßten, wenn sie gut dächten: daß sie in diesem allen nur eine wilde und hinreißende Beschäftigung suchten, die sie verhinderte, an sich zu denken, weshalb sie sich eine anziehende Aufgabe stellten, die sie bezaubert und mitreißt, gäben sie den Widersachern Recht. Aber sie antworten nicht so, denn sie kennen sich selbst nicht, sie wissen nicht, daß sie nach der Jagd jagen, nicht nach der Beute. Ja, sie bilden sich ein, sie würden gleich froh aussehen, hätten sie nur erst die Beute, und fühlen nicht die Unersättlichkeit der Begier. So bilden sie sich ein, aufrichtig die Ruhe zu suchen und suchen nur die Hetze.

Sie haben einen heimlichen Drang, die Zerstreuungen und die Beschäftigung außerhalb zu suchen, und das kommt von der Nachfühlung ihres fortwährenden Elends; und sie haben einen anderen heimlichen Drang, Überrest unserer ersten größeren Menschennatur, zu erkennen, wie das Glück nur in der Ruhe tatsächlich ist, und nicht in den Tumulten; und aus diesen entgegengesetzten Trieben formt sich in ihnen ein verworrenes Bild, das sich vor ihren Blicken in die unterste Seele verbirgt, sie durch die Hetze die Ruhe zu suchen verführt, und sie immerfort glauben läßt, sie würden, erreichten sie erst die Befriedigung, die ihnen fehlt, überstiegen sie glücklich erst einige Schwierigkeiten vor den Augen, dann das Tor zur Ruhe öffnen können.

So läuft das ganze Leben ab. Man sucht die Ruhe im Kampf gegen Hindernisse; und hat man sie überwunden, wird die Ruhe unerträglich. Denn man denkt an das Elend, das man schon hat; oder das man befürchtet. Und wüßte man sich erst geschützt an allen Seiten: verzichtete die Langweile nicht mit privater Autorität vom Herzen ständig aufzusteigen, wo sie natürliche Wurzeln hat und mit ihrem Gift den Geist durchsetzt.

Der Rat, den man Pyrrhus gab, sich die Ruhe gleich zu holen, sie nicht durch soviel Müdigkeiten erst zu suchen, hat seine rechten Schwierigkeiten.

Aber der Mensch ist so unglücklich, daß er sich langweilte, selbst ohne Ursache, sich zu langweilen, und nur durch den natürlichen Zustand seines

Temperaments; und er ist so nichtig, daß er sich nicht langweilte, selbst bei tausend wesentlichen Ursachen, sich zu langweilen, und sich durch ein Billard und einen Ball, den er stößt, lebhaft zerstreute.

Und was für ein Sinn ist in diesem allen? Der, morgen vor seinen Freunden sich zu brüsten, besser als die anderen gespielt zu haben. So schwitzen andere in ihrer Stube, um den Gelehrten ihre Lösung einer algebraischen Frage, die bisher niemand gelöst hatte, vorzustellen; und – ich finde das ebenso töricht – setzen sich andere letzten Gefahren aus, um sich später einer eroberten Festung zu brüsten. Und alle diese Dinge zu erfahren, richten andere sich schließlich zugrund, nicht um weise zu werden, sondern nur um zu zeigen, daß sie wissen; und die sind in der ganzen Gesellschaft die törichtesten, denn sie sind es mit Wissen, während man vielleicht von den anderen denken könnte, sie würden es nicht mehr sein, wenn sie dieses Wissen hätten.

Jener Mann, der mit wenig Geld jeden Tag spielt, verbringt ohne Langeweile sein Leben. Gäbe man ihm jeden Morgen das Geld, das er täglich gewinnen kann, und er solle nicht mehr spielen: man machte ihn unglücklich. Man wird vielleicht sagen: er suche das Vergnügen des Spiels, nicht den Gewinn. Lasse man ihn also ohne Geld spielen; er wird sich nicht erhitzen und sich langweilen. Er sucht nicht die Unterhaltung: eine schläfrige und leidenschaftslose Unterhaltung wird ihn langweilen. Er muß sich erhitzen und selbstbetrügen, sich einbilden, er würde glücklich sein, gewänne er, was er nicht annehmen könnte, wenn man es ihm unter der Bedingung, nicht zu spielen, gäbe; so entsteht eine leidenschaftliche Sache, auf die er seine Wünsche, seine Aufregung, seine Angst reizt, wie die Kinder, die vor dem Gesicht plötzlich erschrecken, das sie grob angestrichen haben. Wie kommt es nur, daß jener Mann, der erst vor wenigen Monaten seinen einzigen Sohn verlor und der heute morgen von Prozessen und Hader so betrübt war, jetzt an dieses alles nicht mehr denkt? Erstaunt nicht: er ist vollkommen von der Erwartung eines Hirschen in Anspruch genommen, den die Hunde seit sechs Stunden jagen. Mehr ist nicht nötig: man braucht nur einen Menschen, so voller Traurigkeit auch immer, zu Zerstreuungen zu führen, und er ist währenddessen vollkommen freudig.

Und ein Mensch, so voller Freude auch immer, wird bald schmerzvoll und unglücklich sein, wenn er nicht von einer Leidenschaft, einem Vergnügen, die eine sich breitende Langweile verhindern, zerstreut und beständig beschäftigt wird. Ohne die

Zerstreuung gibt es keine Freude; mit der Zerstreuung gibt es keine Traurigkeit. Und das macht das Glück der hochgestellten Menschen: sie haben eine Anzahl sie zerstreuender Personen um sich, und die Macht, sie zu erhalten.

Es ist leichter, den Tod ohne Gedanken zu ertragen, als den Gedanken des Todes ohne Gefahr.

Wäre der Mensch glücklich, er wäre es um so mehr, je weniger er sich zerstreute, wie die Heiligen und Gott.

Ja, heißt nicht glücklich sein: von der Zerstreuung genommen sein? Nein, denn sie erscheint gelegentlich und von außen und ist abhängig und eine unzuverlässige Sache, von jenen tausend Unfällen bedroht, die unvermeidliche Betrübnis bringen.

Die einzige Sache, die uns von unsern Nichtigkeiten tröstet, ist die Zerstreuung, und sie ist dabei die elendeste unserer Nichtigkeiten. Sie hindert uns am hauptsächlichsten, an uns zu denken. Ohne sie wären wir in der Langweile, aber sie stieße uns zu einem verläßlicheren Mittel, aus ihr herauszutreten. Aber die Zerstreuung unterhält uns und führt uns empfindungslos zum Tod.

Beschaffenheit des Menschen: Haltlosigkeit, Langeweile, Angst.

Wer die Nichtigkeit der Welt nicht sieht, ist nichtig. Auch die jungen Menschen, die sie nicht sehn, die alle im Lärm stehn, in den Zerstreuungen und in Gedanken an die Zukunft? Aber man nehme ihnen die Vergnügungen und man wird sie eintrocknen sehn vor Langweile; sie fühlen die Nichtigkeit, ohne sie zu erkennen; denn es ist besser, unglücklich zu sein, als in einer unerträglichen Traurigkeit zu sein, wenn man auf sich selbst zurückgeführt ist und nicht mehr zerstreut.

Wäre unsere Beschaffenheit wirklich glücklich, brauchten wir nicht uns davor zerstreuen, an sie zu denken, um glücklich zu sein.

Wenig Dinge trösten uns, denn es quälen uns wenig Dinge.

Nichts ist dem Menschen unerträglicher, als in vollkommener Ruhe zu stehn, ohne Leidenschaft, ohne Geschäft, ohne Zerstreuung, ohne Eifer. Er fühlt dann seine Nichtigkeit, seine Verlassenheit, seine Leere. Unkeusch entsteigt dann seiner Seele die Langweile, die Schwärze, die Traurigkeit, der Schmerz, der Ekel, die Verzweiflung.

Beklagt sich ein Soldat seiner Mühen, ein Arbeiter – man stelle sie unbeschäftigt hin.

Die Philosophen

Es ist eine schöne Sache, einen Menschen, der sich nicht kennt, anzuschreien: er solle nur Gott suchen! Und eine schöne Sache, einem Menschen das zu sagen, der sich kennt!

Das wirkliche Gut

Die gewöhnlichen Menschen suchen Güter in Vermögen und in äußerlichen Besitzen und zumindest in den Zerstreuungen. Die Philosophen haben die Vergeblichkeit gezeigt und die Güter aufgestellt, wo sie konnten.

Für die Philosophen gibt es zweihundertundachtzig souveräne Güter.

Strebt über die souveränen Güter. Ut sis contentus temetipso et ex te nascentibus bonis. Es gibt Widerspruch. Denn die Philosophen, die Stoiker empfehlen schließlich, sich zu töten. Welch ein glückliches Leben, von dem man sich befreit wie von der Pest.

Macht uns die Natur in allen Zuständen unglücklich, malen unsere Wünsche einen Zustand des Glückes: sie vereinigen mit dem Zustand, in dem wir uns befinden, die Freuden des Zustandes, in dem wir uns nicht befinden; und kämen wir zu diesen Freuden, wir wären deswegen nicht glücklich und hätten andere Wünsche, passend dem neuen Zustand.

Jeder prüfe seine Gedanken: er wird sie immer mit dem Vergangenen oder der Zukunft beschäftigt sehn. Wir denken fast nicht an Gegenwärtiges; und wenn wir daran dächten, wäre es nur, um Licht in die Zukunft zu heben. Das Gegenwärtige ist niemals unser Ziel; Vergangenes und Gegenwart sind unsere Werkzeuge; ausschließlich die Zukunft ist unser Ziel. Und so leben wir nie, aber wir hoffen, zu leben; und da wir uns nur immer vorbereiten, glücklich zu sein, ist unvermeidlich, daß wir es niemals werden.

Die Menschen konnten den Tod, das Elend, die Unwissenheit, nicht heilen: und haben sich, um glücklich zu sein, geeinigt, nicht daran zu denken; das ist alles, was sie erfunden haben, um sich vor soviel Fluch zu trösten. Aber es ist ein nichtiger Trost, denn er versucht nicht das Elend zu heilen, sondern es zu verstecken für geringe Zeit, und indem er es versteckt, erreicht er, daß man nicht daran denkt, es wirklich zu heilen. Und durch diese merkwürdige Verschüttung der menschlichen Natur geschieht es, daß die Langweile, dieses empfindlichste Unglück des Menschen, auch sein größtes Gut ist, denn sie kann besser als alles andere ihn führen, wirkliche Heilung zu suchen, und daß die Zerstreuung, dieses nützlichste Gut des Menschen, unbedingt sein größter Fluch ist, denn sie kann besser als alles andere ihn verhalten, das Mittel gegen sein Elend zu suchen; und das eine und das andere sind wunderbare Beispiele der Nichtigkeit und Verworfenheit des Menschen und zugleich seiner Größe, denn der Mensch langweilt sich mit allem und sucht nur mit dem Gedanken an verlorenes Glück diese Vielfalt der Beschäftigungen; da er es nicht in sich findet, sucht er es vergeblich in den äußeren Dingen, ohne Befriedigung, denn es ist nicht in uns, nicht in den Geschöpfen, sondern in Gott allein.

Salomo und Hiob haben am stärksten die Nichtigkeit des Menschen gekannt und von ihr gesprochen: der eine war der Glücklichste und der andere der Unglücklichste; der eine erfuhr die Vergeblichkeit der Freuden, der andere die Realität des Elends.

Das Mysterium Jesu

Jesus erleidet in der Passion die Marter, die ihm die Menschen auferlegen; doch in der Agonie erleidet er die Marter, die er sich selbst auferlegt: turbavit semetipsum. Es ist die körperliche Qual einer nicht menschlichen, doch übermächtigen Hand, und man muß übermächtig sein, sie zu tragen.

Jesus sucht einigen Trost zumindest bei seinen drei teuersten Freunden, und sie schlafen; er bittet sie, mit ihm ein Stück zu gehen, und sie lassen ihn in vollkommener Unbeachtung und gehen mit ihm so wenig, daß sie nur für einen Augenblick sich unterbrechen im Schlaf. Und so stand Jesus einsam vor der Leidenschaft Gottes. Jesus ist allein auf Erden, es wäre nicht nur niemand, der sein Leid mitfühlte oder teilte, sondern der es bloß wüßte: der Himmel und er sind allein in diesem Wissen.

Jesus ist in einem Garten, nicht der Seligkeit wie Adam, wo er sich verlor, und das ganze menschliche Geschlecht; sondern der Leiden, wo er sich erlöste, und das ganze menschliche Geschlecht.

Er erträgt dieses Leid und die Verlassenheit in den Schrecknissen der Nacht.

Ich glaube, Jesus hat sich nie beweint, nur dieses eine Mal; doch dann beweinte er sich, weil er den ausbrechenden Schmerz nicht mehr fassen konnte: meine Seele ist traurig bis zum Tode.

Jesus sucht Berührung und Erleichterung bei den Menschen; ich glaube, es ist das eine Mal in seinem ganzen Leben. Doch er findet sie nicht, denn seine Jünger schlafen.

Jesus wird in Angst sein bis zum letzten Tag der Welt: man darf nicht schlafen bis zu diesem Tag.

In der Mitte der Verlassenheit des ganzen Universums und seiner zum Wachen ausgewählten Freunde, die er schlafen sieht, wird Jesus bös (wegen der Gefahr, der sie nicht ihn, sondern sich selbst aussetzen). Und er unterrichtet sie über ihr reines Heil und geht mit zärtlicher Freundschaft in ihre Undankbarkeit; und unterrichtet sie, daß der Geist auffahrend ist und das Fleisch dumm.

Aber Jesus findet sie schlafend, und weder seine Betrachtungen noch die ihren konnten sie zurückhalten: und er ist voll Güte, sie nicht zu wecken und läßt sie in ihrem Ruhen. Jesus betet in der Ungewißheit des väterlichen Willens, und er fürchtet den Tod; aber da er ihn erkannte, schreitet er vor, sich ihm zu stellen.

Jesus flehte die Menschen an und wurde von ihnen nicht erhört.

Und während seine Jünger schliefen, erschuf Jesus ihre Wohlfahrt, jedem der Gerechten, während sie schliefen, und für das Nichts vor ihrer Geburt und aus den Versündigungen seit ihrer Geburt.

Er flehte nur einmal, daß der Kelch vorübergehe, und noch mit Unterwürfigkeit; und er möchte zweimal kommen, wenn es nötig ist.

Jesus im Herzeleid, Jesus sieht seine Freunde alle schlafen, und alle seine Feinde auf der Lauer und er vergibt sich ganz seinem Vater. Jesus sieht nicht die Feindschaft im Judas, sondern die Berufung des Herrn, den er liebt – und er nennt Judas seinen Freund. Jesus entreißt sich seinen Jüngern, um in die Todesangst einzutreten; will man ihm folgen, muß man sich seinen Nächsten und Vertrautesten entreißen.

Jesus war in der Todesangst und in den größten Kümmernissen – lasset uns länger beten.

Tröste Dich: Du suchtest mich nicht, wenn Du mich nicht gefunden hättest.

Ich dachte in meiner Todesangst an Dich; und vergoß viele Tropfen Blutes für Dich. Es hieße mehr mich versuchen als Dich bewähren, wenn Du überlegtest, wie Du jene oder jene Sache gut vollführen solltest: ich mache sie in Dir, wenn sie kommt.

Lasse Dich nach meinen Schritten führen; siehe, wie gut ich die Jungfrau und die Heiligen führte, die mich in ihnen handeln ließen.

Der Vater liebt alles, was ICH mache.

Willst Du denn, daß es mich immer Blut von meiner Menschlichkeit koste, ohne daß Du Tränen gäbest? Meine Aufgabe ist die Bekehrung, und fürchte nichts, und bete mit Treue wie für mich.

Ich bin neben Dir durch mein Wort in der Schrift, durch meinen Geist in der Kirche und durch die Andacht; durch meine Macht in den Predigern; durch mein Gebet in den Getreuen.

Die Arzneien werden Dich nicht heilen: denn am Schluß wirst Du sterben. Doch ich heile und mache die Körper unsterblich.

Erdulde die Ketten und die körperliche Dienstschaft; ich befreie jetzt Dich nur von der geistigen.

Ich bin Dir mehr Freund als jener und jener; denn ich habe mehr für Dich gemacht als jene und sie werden nicht erleiden, was ich an Dir erlitt, und sie werden nicht für Dich sterben, wenn Du treulos und grausam bist, wie ich starb und bereit bin zu sterben und in meinen Auserwählten es immer wieder tue.

Kenntest Du Deine Sünden, Dein Herz zerginge.

– So wird es zergehen, Herr, denn ihre Schlechtigkeit ist auf Euer Wort gekommen.

– Nein, denn ich, durch den Du sie erfährst, kann Dich gesund machen, und indem ich sie Dir sage, siehe darin ein Zeichen, daß ich Dich gesund machen will. Und da Du sie sühnst, erkennst Du sie und siehst: die Sünden Dir wieder zurückgegeben. Tue Buße für die verborgenen Sünden und die verborgene Schlechtigkeit der anerkannten.

– Herr, ich gebe Euch alles.

– Ich liebe Dich brennender als Du einst Deine Schanden liebtest. Ut immundus pro luto.

Mein sei der Ruhm, und nicht Dein, Du Wurm der Erde.

Frage Deinen Lenker, wenn Dir meine eigenen Worte Gelegenheit zum Bösen sind, zur Eitelkeit oder Neugier.

Ich sehe meinen Abgrund von Hoffahrt, von Neugier, von böser Lust. Es gibt keine Bindung von mir zu Gott noch zu Jesu. Aber er wurde durch mich versündigt; alle Eure Peitschenhiebe sind auf ihn gefallen. Er ist erbärmlicher als ich und dennoch weit, mich zu verabscheuen, – hält er sich geehrt, daß ich zu ihm laufe und ihn unterstütze.

Doch er heilte sich selbst und wird erst mich heilen.

Ich füge meine Wunden den seinen an und vereinige mich mit ihm, und er wird sich rettend mich erretten.

Doch man darf nicht so weiter in die Zukunft immer rechnen.

Tröste Dich: von Dir aus darfst Du ihn nicht erwarten; doch im Gegenteil, indem Du nichts von Dir erwartest, mußt Du ihn erwarten.

Jesus Christus ist tot, doch auf dem Kreuz gesehn. Aber er ist tot und im Grab verborgen.

Jesus Christus wurde nur von Heiligen bestattet.

Jesus Christus tat kein einziges Wunder im Grab, nur Heilige waren es, die eintraten.

Jesus Christus nahm ein neues Leben dort an, nicht auf dem Kreuz.

Es ist das letzte Mysterium der Passion und der Erlösung. –

Jesus Christus hatte nichts, wo er auf Erden ausruhn konnte, als das Grab.

Seine Feinde haben erst vor dem Grabe aufgehört, ihn aufzujagen.

Ich spreche und berate Dich oft, denn Dein Führer kann zu Dir nicht sprechen, denn ich will nicht, daß Du ohne Führer bist. Und vielleicht mache ich es auf seinen Wunsch, und so führt er Dich vielleicht, ohne daß Du es siehst. – Du würdest mich nicht suchen, wenn Du mich nicht besäßest; und so ängstige Dich nicht.

Vergleiche Dich nicht mit den anderen, sondern mit mir. Findest Du mich nicht in jenen, die Du mit Dir vergleichst, dann sind erbärmlich, mit denen Du Dich vergleichst. Findest Du mich in ihm, vergleiche Dich mit ihm. Doch wen vergleichst Du da? Dich oder mich in Dir? Bist Du es, dann ist es ein Erbärmlicher. Bin ich es, vergleichest Du mich mit mir. Denn ich bin Gott in allem.

Ich sehe, daß Jesus Christus nur seine Wunden nach seiner Auferstehung berühren ließ: noli me tangere. Wir können nur vor seinen Schmerzen uns verbünden.

Er gab zur Kommunion sich als ein Sterbender am Abendmahl, als ein Erstandener den Jüngern von Emmaus, als himmlische Gestalt der Kirche.

»Betet, vor Angst, in die Versuchung zu geraten.« Es ist gefährlich, versucht zu sein, und die es sind, sind es, weil sie nicht beten.

Et tu conversus confirma fratres tuos. Doch vor allem conversus Jesus respexit Petrum.

Jesus Christus wollte nicht getötet werden ohne die Bestimmungen des Rechtes; denn es ist weit schimpflicher, durch das Recht zu sterben, als in einem rechtlosen Aufruhr.

Die falsche Rechtsprechung des Pilatus sollte nur Jesus leiden machen; denn er läßt ihn peitschen und dann tötet er ihn. Es wäre besser gewesen, ihn vorher zu töten. So sind die falschen Rechte. Sie machen gute Werke und schlechte, um der Welt zu gefallen, und sie zeigen sich nicht für Jesus, denn sie schämen sich seiner. Und in den großen Versuchungen und Gelegenheiten endlich töten sie ihn.

Bildnis eines Mannes
der es aufgab, Gott mit der Vernunft zu suchen, und beginnt, die Schrift zu lesen

Im Anblick der Verblendung und Nichtigkeit des Menschen (und der verblüffenden Widersinne seiner Natur); und wenn ich das ganze Universum schweigen sehe, und den Menschen ohne Erleuchtung, in sich selbst verlassen und verstört in diesem Winkel des Universums stehn, ohne zu begreifen, wer ihn hingestellt habe, wozu er hergekommen sei, was aus ihm würde, wenn er wieder zu gehen habe, unfähig aller Erkenntnis: erschrecke ich furchtbar, wie ein Mensch, den man im Schlaf auf eine ferne und wüste Insel ausgesetzt hat, und der erwachte, ohne zu erkennen, wo er sich befinde und ohne Möglichkeit, davonzugehen. Ich bewundere eher, wie man in einer so elenden Lage nicht verzweifelt. Ich sehe andere Menschen gleicher Art neben mir: ich frage sie, ob sie besser unterrichtet wären als ich; sie sagen mir nein: und diese nichtigen Verstörten haben sogar um sich freundliche Dinge entdeckt, haben sich ihnen hingegeben und verbunden. Ich konnte mich aber nicht verbinden;

und überlegte, wieviel von dem wenigen, das ich sehe, Vorspiegelung ist, und wollte finden, ob dieser Gott nicht in sich einige Merkzeichen zurückgelassen hätte.

Ich sehe religiöse Wucherungen an mehreren Stellen der Welt und in allen Zeiten. Aber es kann weder ihre Moral mir gefallen, noch können ihre Kundgebungen mich aufhalten. Und so würde ich gleicherweise die Religion Mohammeds wie die Chinas und die der alten Römer und die der Ägypter abgelehnt haben, aus dem einen Grunde nur, weil die eine nicht mehr Merkzeichen der Wahrheit aufweist als die andere und nichts, was zu notwendigen Folgerungen führen könnte, und die Vernunft so nicht eher zur einen als zur anderen sich neigen kann.

Aber indem ich nun diese unruhige und bizarre Fülle der Sitten und Schöpfungen in den verschiedenen Zeiten durchgehe, finde ich in einem Winkel der Erde ein selbständiges Volk, von allen anderen Völkern der Erde getrennt, von allen das älteste, deren Geschichte mehrere Zeitalter denen der ältesten, die wir hätten, vorangeht. Ich finde nun dieses Volk groß und zahlreich aus einem einzigen Menschen hervorgegangen, einen einzigen Gott verehren und sich nach einem Gesetz benehmen, das es aus seinen Händen zu halten behauptet.

Es behauptet, auf der Erde das einzige zu sein, dem Gott die Mysterien enthüllt habe; daß alle Menschen in Fäulnis seien und in der Ungnade Gottes; daß sie alle ihren Sinnen und ihrem eigenen Kopf ausgesetzt seien, was Ursache der überraschenden Verstörungen und fortwährenden Veränderungen wäre, in den Religionen und Gebräuchen; während es unerschütterlich in seiner Berufung verharren müßte: Gott werde die anderen Völker nicht ewig in den Finsternissen lassen; es werde ein Befreier für alle kommen; sie seien auf Erden, ihn zu verkündigen, und nur für die Aufgabe geschaffen, Vorboten und Herolde dieses Ereignisses zu sein und alle Völker anzurufen zur Vereinigung und Erwartung des Erlösers.

Die Begegnung mit diesem Volke überrascht mich, und ich finde es der Aufmerksamkeit würdig, weil in ihm eine große Anzahl wunderbarer und einmaliger Dinge erscheinen. Ich sehe vor allem, daß es ein Volk von lauter Brüdern ist; und während sich die anderen aus einer Unendlichkeit von Familien zusammensetzen, ist dieses so erstaunlich fruchtbare aus einem einzigen Menschen hervorgegangen; und da sie alle von einem Fleische sind und wie Glieder die einen den anderen, haben sie die Macht einer großen Familie. Das ist einzig.

Diese Familie oder dieses Volk ist das älteste in

der Erkenntnis des Menschen: ich finde, dies gewährt ihm eine unbedingte Ehrfurcht, besonders in dem, was wir suchen: wenn Gott ja den Menschen seit jeher mitgeteilt ist, muß man zu jenen frühesten zurück, um die Überlieferung zu erfahren.

Doch ist dieses Volk nicht nur ausgezeichnet durch sein Alter, es ist noch einzig durch seine Dauer, die von dem Ursprung bis jetzt ununterbrochen sich fortsetzte; während die Völker Griechenlands und Italiens, Lazedämoniens, Athens, Roms, und die anderen, die soviel später kamen, seit langem wieder aufhörten, besteht dieses immer; und trotz der Unternehmungen von so mächtigen Königen, die hundertmal versuchten, es zu ersticken (wie es ihre Geschichtsschreiber auseinandersetzen, und es nach den Gesetzen der natürlichen Ordnung auch üblich wäre), hat es sich in einer langen Zeit immer weiter konserviert; und vom ersten Tag bis zu dem letzten erstreckt sich seine Geschichte und schließt alle unseren in sich ein.

Ich betrachte jenes Gesetz, das sie vorgeben, von Gott zu haben, und finde es wunderbar; es ist das erste aller Gesetze, und bevor selbst das Wort Gesetz bei den Griechen in Gebrauch kam, waren schon fast tausend Jahre, daß die anderen es erhalten hatten und unterbrechungslos befolgt. Ich finde es so seltsam, daß das erste Gesetz der Welt sich als das vollkommenste beweist, und die größten Gesetzgeber haben die ihren danach entlehnt, wie es bei dem Gesetz der zwölf Tafeln von Athen zu sein scheint, das dann die Römer übernommen haben, wie es noch ferner zu beweisen wäre, wenn nicht Flavius Josephus und andere diesen Gegenstand genügend behandelt hätten.

Dieses Gesetz ist zugleich unter allen das strengste und rücksichtsloseste und bindet dieses Volk unter Lebensgefahr an tausend besondere und mühsame Beobachtungen, um es in seiner Pflicht zu halten. So scheint es eine erstaunliche Sache, daß es sich bei einem so aufrührerischen und ungeduldigen Volk durch die Zeitalter übertrug, während alle anderen Staaten von Zeit zu Zeit ihre Gesetze geändert haben, obgleich sie ungewöhnlich leichter waren.

Dieses Volk ist zu bewundern in seiner Aufrichtigkeit. Die Menschen tragen mit Liebe und treu das Buch, darin Moses erklärt, sie wären immer undankbar gegen Gott gewesen und würden es nach seinem Tode noch mehr werden; aber er rufe den Himmel und die Erde als Zeugen gegen sie auf: daß er es ihnen oft genug gesagt habe; und daß Gott, durch sie betrübt, sie in alle Völker der Welt zerstreuen werde; und daß er, wie sie ihn betrübten, indem sie Götter verehrten, die nicht ihr Gott waren, sie betrüben wird, indem er Völker aufrufen wird, die nicht sein Volk sind. Doch dieses Buch, das so vielfach sie entehrt, bewahren sie leidenschaftlich auf Kosten ihres Lebens. Das ist eine Aufrichtigkeit, die kein Beispiel in der Welt hat und keine Wurzel in der Natur.

(Im übrigen finde ich keinen Grund, an der Wahrheit des Buches, das alle diese Dinge enthält, zu zweifeln.) Denn es ist ein großer Unterschied zwischen dem Buche, das ein einzelner schreibt und einem Volk hinwirft; und einem Buche, das ein Volk selbst macht. Man kann nicht bezweifeln, daß das Buch so alt sei wie das Volk.

(Es ist ein Buch, verfaßt von anderen zeitgenössischen Schriftstellern.) Alle nicht-zeitgenössische Geschichte ist verdächtig, so die Bücher der Sibyllen und des Trismegistus und so vieler, die in der Welt geschrieben haben, sind falsch und beweisen sich als falsch in den Folgen der Zeit. Aber das gilt nicht von den zeitgenössischen Schriftstellern.

Welcher Unterschied zwischen einem Buch und einem anderen! Ich wundere mich nicht, daß die Griechen die Ilias geschrieben haben, die Ägypter und Chinesen ihre Geschichten. Man muß bemerken, wie das geboren wird.

Diese fabelhaften Erzähler sind nicht Zeitgenossen der Dinge, über die sie schreiben. Homer macht einen Roman und gibt ihn dafür aus: denn niemand zweifelt, daß Troja und Agamemnon ebenso nicht waren wie die goldenen Äpfel. Auch wollte er nicht eine Geschichte schreiben, sondern Zerstreuendes. Sein Buch blieb als einziges aus seiner Zeit; die Schönheit der Arbeit läßt die Sache überdauern: jeder Mensch erfährt und spricht davon; man muß es kennen; jeder Mensch kennt es auswendig. Vierhundert Jahre später leben die Zeugen der Dinge nicht mehr, und niemand weiß durch sich, ob es sich um Legende oder Geschichte handle: man hat von den Vorfahren davon gehört, und es kann als wahr dann schon durchgehn.

Anmerkung des Übersetzers

Diese Stücke – einer langen Arbeit zunächst entnommen – geben keine Auswahl aus den *Pensées;* ich wäre außerstand, einen Satz von Pascal vor dem anderen auszuwählen. Vielmehr sind es vollständige Übersetzungen erstens der vier geschlossenen Kapitel, die von der Größe und der Nichtigkeit des Menschen handeln. Sie heißen: *Article XVIII: grandeur de l'homme; – Article XIX: vanité de l'homme, imagination, amour-propre; – Article XX: foiblesse de l'homme, incertitude de ses connoissances naturelles; – Article XXI: misère de l'homme.* Zweitens des selbständigen Artikels: *Le Mystère de Jesus,* und des *Article VI: Immage d'un homme qui s'est lassé de chercher Dieu par le seul raisonnement, et qui commence à lire l'écriture.*

Der Übersetzung zugrunde lag eine Ausgabe im Französischen Pascals und nicht modernisiert; die *Edition conforme au véritable texte de l'auteur, additions de Port-Royal.* Garnier Frères, Paris. Von dieser Ausgabe weichen mir bekannte deutsche auf das erstaunlichste ab, in der Anordnung des Textes, in der Verschiebung der Kapitel, in der Hineinmischung anderer Schriften Pascals. Aber leider auch noch im Geist, und ich kann keine mir bekannte Übersetzung als vollwertig anerkennen. Vielleicht erklärt das die bisher geringe Beschäftigung der Deutschen mit Pascal und eine Gleichgültigkeit, die ihm keinen Schaden, ihnen keine Ehre macht. Freilich waren es wohl fachberuhigte Philosophen, die ihn bearbeitet haben mit ihrem Deutsch und überschüttet mit ihrer Vernunft.

Ferdinand Bruckner, 1918

Nachwort

Die legitime Deutung der »Vorbarocke« ist nicht im Jesuitismus zu finden, sondern in dessen vernichtendstem Gegner: Blaise Pascal, einem der wenigen, die als Boten und Erben einer reineren, höheren und unwirklicheren Welt durch das immer kompakter und grauer, immer gottleerer und selbsterfüllter werdende Chaos der Neuzeit schritten.

Das Einzigartige Pascals bestand darin, daß er zugleich der modernste und der christlichste Geist seines Zeitalters war. Bei ihm stieß eine exzeptionell scharfe Logizität und Denkkraft mit einer exzeptionell leidenschaftlichen und abgründlichen Religiosität zusammen. Er ist der luzideste Kopf, den das Mutterland der *clarté* hervorgebracht hat, und der feinste Seelenanalytiker seines Jahrhunderts: neben ihm erscheint Descartes als ein bloßer Rechenkünstler und virtuoser Mechaniker. Zugleich aber ist er ein fast hysterischer Religiöser und Gottsucher, ein Theomane. Religiosität, als ein ungeheures verzehrendes Pathos, geschmiedet an einen zerlegenden Forschergeist ersten Ranges: Dies war die erschütternde Psychose Pascals, ein pittoreskes und spannendes Schauspiel des Geistes, wie es wenige gibt. Nicht umsonst kommt Nietzsche in seiner Polemik gegen das Christentum immer wieder auf Pascal zurück: Auch wenn er ihn nicht nennt und ganz allgemein von der Korruption des europäischen Geistes durch christliche Wertungen spricht, merkt man, daß er insgeheim doch nur an ihn denkt; er hatte das richtige Gefühl, daß man, wenn man die christliche Gedankenwelt bekämpfen wolle, sie vor allem in Pascal bekämpfen müsse, ja man gewinnt fast den Eindruck, als habe er gespürt, daß man sie in Pascal gar nicht bekämpfen *könne*.

Schon in der Lebensgeschichte Pascals zeigt sich sein Doppelgesicht: Sie ist zur einen Hälfte die glänzende Laufbahn eines modernen Gelehrten, zur andern Hälfte eine zarte mittelalterliche Heiligenlegende. Mit zwölf Jahren entdeckte er ganz selbständig, ohne andere Hilfsmittel als etwas Kohle und Papier, einen großen Teil der Lehrsätze des Euklid; mit sechzehn Jahren verfaßte er eine Abhandlung über die Kegelschnitte, von der die Zeitgenossen sagten, seit Archimedes sei nichts dergleichen geschrieben worden; mit neunzehn

Jahren erfand er eine Rechenmaschine, mit der man alle arithmetischen Operationen ohne Kenntnis der Regeln fehlerfrei ausführen konnte; mit dreiundzwanzig Jahren überraschte er die Gelehrtenwelt durch seinen epochemachenden Traktat über den horror vacui und die berühmten Experimente zur Höhenmessung des Luftdrucks, die seinen Namen tragen. Schon um diese Zeit jedoch begann er zu erkennen, daß die Wissenschaft mit allen ihren Fortschritten für uns im höheren Sinne wertlos sei und die wahre Aufgabe des Geistes in der Hingabe an Gott bestehe. Er trat in nähere Beziehung zu den Jansenisten, einer Vereinigung von frommen und gelehrten Männern, die sich den Lehren des Bischofs Jansenius von Ypern anschlossen. Dieser hatte in einem nachgelassenen Werk *Augustinus* bewiesen, daß Papsttum und Scholastik der ketzerischen Lehre des Pelagius näher gestanden hätten und noch stünden als der augustinischen: Dies ging vor allem gegen die Theorie und Praxis der Jesuiten; und aus diesem Gedankenkreise sind auch Pascals *Provinzialbriefe* hervorgegangen, jenes Meisterwerk satirischer Prosa. Die Kongregation lebte in der Nähe von Port-Royal des Champs in klösterlicher Zurückgezogenheit, aber ohne einen wirklichen Orden zu bilden: Aus ihr erwuchs die berühmte Schule von

Port-Royal, die später auch eine Filiale in Paris hatte und der Brennpunkt des ganzen wissenschaftlichen und religiösen Lebens jener Zeit war.

Die zweite Hälfte seines Lebens, das nur neununddreißig Jahre währte, hat Pascal unter den größten körperlichen Heimsuchungen verbracht, die er aber mit der edelsten Geduld und Fassung, ja fast mit Heiterkeit ertrug. Obgleich durch beständige Kolik, Kopfneuralgie, Zahnfleischentzündung und Schlaflosigkeit geplagt, verzichtete er doch auf jede Bequemlichkeit, machte sich alle Handreichungen selber und nahm sogar noch einen kranken Armen zu sich, den er bediente und pflegte. Er pries Gott für seine Krankheiten, denn Kranksein, pflegte er zu sagen, sei der einzige eines Christen würdige Zustand, ja er hatte eine förmliche Angst davor, wieder gesund zu werden. Und seine Leiden haben ihn in der Tat in Höhen entrückt, die dem gewöhnlichen Sterblichen verschlossen sind: Durch die Schwerelosigkeit, die sie ihm verliehen, gelang es ihm, mitten in der profanen gierigen Welt des mazarinischen Frankreich und beim hellen Tageslicht seines rationalistischen Jahrhunderts ein magisches und mystisches Dasein zu führen. Um seine letzten Lebensjahre liegt ein überwirklicher Astralglanz.

Pascals philosophische Methode ist in dem Satz

enthalten: »Man muß dreierlei sein: Mathematiker, Skeptiker und gläubiger Christ.« Er gelangt, und dies ist das Besondere und Zeitgemäße an ihm, zum Glauben nicht durch das Dogma, sondern durch die Skepsis; und er zeigt, worin er sich als der äußerste Antipode Spinozas erweist, daß die Mathematik den Glauben nicht zerstört, sondern begründet. Man könnte sagen: die religiösen Wahrheiten nehmen bei ihm dieselbe Stelle ein wie die Wahrheiten der höheren Mathematik: der niedere Verstand hält sie so lange für ungereimt, als er sie nicht begreift; aber in dem Augenblick, wo er sie begreift, muß er sie als notwendig, bewiesen und unwiderleglich anerkennen.

Diesem Gegenstand sind die *Pensées* gewidmet, vermutlich das tiefste Buch der französischen Literatur. Sie befassen sich mit dem »Studium des Menschen«. Für den Naturforscher Pascal ist die menschliche Seele ein einziges großes Experimentierfeld, und mit den subtilsten Präzisionsinstrumenten der Analyse tritt er an sie heran, legt ihre geheimsten und zartesten, dunkelsten und widerspruchsvollsten Regungen bloß, mißt alle ihre Höhen und Tiefen aus, erhellt und fixiert ihre schwimmendsten Nüancen, kurz: Er hat die von ihm begründete Wahrscheinlichkeitsrechnung auch auf die Psychologie angewandt, und wie er die Schwere der Luft maß, so hat er auch hier als erster das scheinbar Imponderable gewogen und zum Objekt exakter Untersuchung gemacht. Das Endresultat ist gleichwohl ein ungeheurer »amas d'incertitude«. »Denn schließlich, was ist der Mensch in der Natur? Ein Nichts, gehalten gegen das Unendliche, eine Welt, gehalten gegen das Nichts, ein Mittelding zwischen Null und All. Er ist unendlich weit entfernt von beidem und sein Wesen ist dem Nichts, woraus er emporgetaucht ist, ebenso fern wie dem Unendlichen, worein er geschleudert ist... Dies ist unser wahrer Zustand. Dies bannt unsere Erkenntnis in bestimmte Grenzen, die wir nicht zu überschreiten vermögen, unfähig, alles zu wissen, und unfähig, alles zu ignorieren. Wir befinden uns auf einer weiten Mittelebene, immer unsicher, immer schwankend zwischen Unwissenheit und Erkenntnis... Wir brennen vor Begierde, alles zu ergründen und einen Turm zu errichten, der sich in die Unendlichkeit emporreckt. Aber unser ganzes Gebäude kracht zusammen und die tiefe Erde öffnet ihren Abgrund.« – »Wir sind ohnmächtig im Beweisen: Das kann kein Dogmatismus widerlegen; wir tragen in uns die Idee der Wahrheit: Das kann kein Skeptizismus widerlegen. Wir ersehnen die Wahrheit und finden nur Ungewißheit. Wir suchen das Glück und finden nur Elend... Aber unser Elend ist die Folge unserer Größe und unsere Größe ist die Folge unseres Elends... Denn der Mensch weiß, daß er elend ist. Er ist elend, weil er es weiß; aber er ist groß, weil er weiß, daß er elend ist. Was für eine Chimäre ist also dieser Mensch! Wunder, Wirrnis, Widerspruch! Richter über alle Dinge, ohnmächtiger Erdenwurm, Schatzkammer der Wahrheit, Dunkelkammer der Ungewißheit, Glorie und Schmach des Weltalls: Wenn er sich rühmt, will ich ihn erniedrigen; wenn er sich erniedrigt, will ich ihn rühmen; und so lange will ich ihm widersprechen, bis er begreift, daß er unbegreiflich ist.« (Wozu Voltaire, der die *Pensées* mit Noten versehen hat, die Bemerkung macht: »Echtes Krankengerede«; und wozu wir bemerken möchten, daß es zwar völlig begreiflich ist, wenn Voltaire, der glänzende Herold und Dolmetsch des achtzehnten Jahrhunderts, hier nur »Gerede« hört, hingegen völlig unbegreiflich, wie er Pascal Krankheit vorwerfen kann, denn woher hatte denn er selber seine Genialität, wenn nicht aus seiner »physiologischen Minderwertigkeit«, seiner Rückgratsverkrümmung, seiner abnorm schwächlichen Konstitution, seiner pathologischen Reizbarkeit?)

Die Summe der Pascalschen Anthropologie dürfte in dem Satz enthalten sein: »Der Mensch ist nur ein schwaches Rohr, aber ein denkendes

Rohr.« – »*Ainsi toute notre dignité consiste dans la pensée ... Travaillons donc à bien penser: voilà le principe de la morale.*« Der gute Gebrauch der Denkkraft muß aber unausbleiblich zu Christus führen. »Alle Körper, das Firmament, die Sterne, die Erde und die Naturreiche zählen nicht so viel wie der kleinste der Geister; denn er weiß von alldem und von sich selbst, und der Körper von nichts. Und alle Körper und alle Geister zusammen und alle ihre Werke zählen nicht so viel wie die geringste Regung der Liebe; denn die Liebe gehört einer unvergleichlich erhabeneren Ordnung an. Aus allen Körpern zusammen könnte man nicht den kleinsten Gedanken bilden: Das ist unmöglich, er ist von anderem Range. Alle Körper und alle Geister zusammen vermögen nicht eine einzige Regung wahrer Liebe hervorzubringen: Das ist unmöglich, sie ist von anderem, durchaus übernatürlichem Range.«

Wir haben bereits gelegentlich beobachten können und werden bald genauer erkennen, daß das siebzehnte Jahrhundert den Sieg des wissenschaftlichen Geistes bezeichnet: In alle Gebiete hält er seinen triumphierenden Einzug; er ergreift die Naturforschung, die Sprachforschung, die Geschichtsforschung, die Politik, die Wirtschaft, die Kriegskunde, ja sogar die Moral, die Poesie, die

Religion. Alle Gedankensysteme, die dieses Jahrhundert hervorgebracht hat, haben entweder von vornherein die wissenschaftliche Betrachtung sämtlicher Lebensprobleme zu ihrem Fundament oder sie sehen in ihr das höchste und letzte Endziel. Aber nur einer hat einen anderen Weg genommen, den Weg des gotterleuchteten Genies, indem er die Wissenschaft nicht bloß suchte wie alle, nicht bloß fand wie die wenigen Auserlesenen, sondern überwand: Pascal, der größte Geist, den die gallische Rasse geboren hat.

Egon Friedell

Mystik und Religion im Diogenes Verlag

● **Angelus Silesius**
Der cherubinische Wandersmann. Auswahl und Einleitung von Erich Brock. detebe 20644

● **Franz von Assisi**
Fioretti. Gebete / Ordensregeln / Testament / Briefe. Edition und Übersetzung von Wolfram von den Steinen. detebe 20641

● **Lao Tse**
Tao-Te-King. Neu ins Deutsche übertragen von Hans Knospe und Odette Brändli. Mit einem Vorwort von Knut Walf. detebe 21875

● **Meister Eckehart**
Deutsche Predigten und Traktate. Herausgegeben von Josef Quint. detebe 20642

● **Mystische Texte aus dem Mittelalter**
Von Bernhard von Clairvaux bis Niklaus von der Flüe. Herausgegeben und eingeleitet von Walter Muschg. detebe 21444

● **Mystisch-theosophische Texte der Neuzeit**
Von Martin Luther, Thomas Müntzer, Jakob Böhme, Angelus Silesius, Franz von Bader, Novalis u.a. Herausgegeben und mit einer Einleitung von Gerhard Wehr. detebe 21808

● **Walter Nigg**
Große Heilige. Von Franz von Assisi bis Therese von Lisieux. Mit ausführlichem Quellennachweis. detebe 21459
Das Buch der Ketzer. Von Simon Magus bis Leo Tolstoi. Mit ausführlichem Quellennachweis. detebe 21460
Vom Geheimnis der Mönche. Von Bernhard von Clairvaux bis Teresa von Avila. Mit ausführlichem Quellennachweis. detebe 21844

● **Ernest Renan**
Das Leben Jesu. Vom Verfasser autorisierte Übertragung aus dem Französischen
detebe 20419

● **Russische Heiligenlegenden**
Herausgegeben und eingeleitet von Ernst Benz. Übersetzt und erläutert von G. Apel, E. Benz, W. Fritze, A. Luther und D. Tschizewskij. detebe 21582

● **Teresa von Avila**
Die innere Burg. Edition und Übersetzung von Fritz Vogelgsang. detebe 20643

● **Das Neue Testament**
Synoptische Ausgabe in 4 Spalten auf einer Doppelseite in 4 Sprachen: Lateinisch, Griechisch, Deutsch (Luther) und Englisch (King James Bible). detebe 20925

● **Thomas a Kempis**
Die Nachfolge Christi. Ein kernhafter Auszug aus ›De imitatione Christi‹. Nach dem lateinischen Urtext bearbeitet und mit Anmerkungen herausgegeben von E.A. Kernwart
detebe 21487

Franz von Assisi
Fioretti

Gebete, Ordensregeln, Testament, Briefe
Übersetzt von Wolfram von den Steinen und
Max Kirschstein. detebe 20641

»Der heilige Franziskus ging wie die Verzeihung Gottes durch die Welt. Ich meine, daß sein Erscheinen den Augenblick bezeichnet, da sich die Menschen nicht nur mit Gott, sondern mit der Natur und, als das Schwerste von allem, mit sich selber aussöhnen konnten… Er war nicht nur ein Humanist, sondern auch ein Humorist, besonders in dem altenglischen Sinne eines Mannes, der immer bei Humor ist, seine eigenen Wege geht und tut, was niemand anderer getan haben würde… Er war der Welt einziger wirklich aufrichtiger Demokrat.« *G.K. Chesterton*

»Gott ist lebendiger denn je, sogar die Quantentheorie hat ihn als das ›Endgültig Reale‹ zurückgerufen und es ist sogar ein franziskanischer Gott mit von Uexküll untersuchten Umweltsinteressen für Lippenblütler und Regenwürmer.« *Gottfried Benn*

»Wir spüren, daß die Weltlage entscheidende Konsumverzichte verlangen wird; wir spüren, daß die Umverteilung des Besitzes von uns auch personalisiert werden muß, in einer Haltung des Verzichtes und der inneren Freiheit vom Besitz- und Machtwillen. Für sie kennen wir außer dem Jesus von Nazareth selbst kein klareres Vorbild als Franz von Assisi.« *Walter Dirks*

»Das Vorbild Franziskus sagt mir mehr als die klassenlose Gesellschaft, die nur die Voraussetzung eines Vorbilds sein kann.« *Ludwig Marcuse*